BIBLIOTHÈQUE
CHRÉTIENNE ET MORALE

approuvée

PAR Mgr L'ÉVÊQUE DE LIMOGES

—

In–18, 2e série.

Tout exemplaire qui ne sera pas revêtu de notre griffe sera réputé contrefait et poursuivi conformément aux lois.

JOSEPH ET FREDERIC

JOSEPH ET FRÉDÉRIC

OU

LES DEUX EDUCATIONS

LIMOGES

BARBOU FRÈRES, IMPRIMEURS-LIBRAIRES

JOSEPH ET FREDERIC

Dans une petite ville du Limousin vivait un honnête menuisier, qui, héritier, non des trésors, mais des vertus de ses pères, goûtait, au sein d'une famille pieuse comme lui, la paix et le bonheur. Il avait un fils unique nommé

Joseph, objet de son affection la plus tendre, et qu'il élevait avec beaucoup de soin. Dès son bas-âge, il sut lui inspirer de l'amour pour les pratiques de la religion, et lui donna toujours l'exemple des vertus chrétiennes. Plus tard, lorsqu'il fut capable de comprendre les maximes de la sagesse divine, il lui répétait souvent les paroles de l'Ecriture sainte :

« La crainte de Dieu est le commencement de la sagesse. »

Puis, il lui expliquait comment, avec cette crainte, il se maintiendrait dans la fidélité que les hommes doivent à

Dieu, et persévèrerait toute sa vie dans l'observation de ses commandements.

Joseph était docile à la voix paternelle, et comprenait l'importance de ses avis : aussi adopta-t-il pour règle de se tenir toujours en la présence de Dieu.

» Dieu me voit, se disait-il souvent à lui-même ; je ne saurais me dérober à ses regards. »

Telle était la pensée dont il remplissait son esprit lorsque la tentation survenait dans son âme et l'excitait au mal.

D'autres fois, il aimait à considérer cette divine Providence sans cesse occupée des hommes pour leur procurer, non-seulement toutes les nécessités de la vie, mais encore des grâces de prédilection : et il s'excitait à rendre amour pour amour à un Dieu si bon et si miséricordieux.

Inspiré par de si saintes pensées, Joseph croissait de plus en plus en sagesse et en vertu. La duplicité était inconnue à son cœur, et l'innocence, la simplicité et la candeur y brillaient dans tout leur éclat. Toutes ses actions étaient réglées par l'obéissance qu'il savait due par un fils aux auteurs de ses

jours ; et, n'oubliant jamais celui dont
ils tenaient auprès de lui la place, il
faisait exactement sa prière le matin et
le soir, assistait régulièrement à la
sainte Messe, et, autant qu'il le pouvait,
aux autres offices, et écoutait attentive-
ment les instructions de son pasteur
comme la parole du Seigneur lui-
même.

Lorsqu'il était encore jeune, il obtint
quelquefois de son père la permission
d'aller prendre part aux jeux des enfants
de son âge, qui couraient et se diver-
tissaient sur une place voisine à certai-
nes heures de la journée. Mais bientôt
il renonça à ces amusements, parce qu'il

y entendait des paroles grossières et indécentes que ses oreilles pures ne pouvaient supporter.

Enfin arriva l'âge de faire sa première communion. Il s'y prépara long-temps d'avance sous la direction de son père, et surtout de sa mère, dont les paroles trouvaient dans la piété quelque chose d'onctueux et de persuasif qui pénétrait dans son cœur.

Non loin de la maison du menuisier demeurait un serrurier, homme fort adroit dans son art, mais qui n'avait aucun principe religieux, ou plutôt fort ignorant sur ses devoirs de chrétien.

Rarement il allait à l'église, il travail-
lait le dimanche et une bonne partie de
la journée , et passait le reste dans les
cabarets.

Indifférent à tout ce qui avait quelque
rapport au service de Dieu, il faisait
consister toute sa vertu en de certains
dehors de probité qui sans doute doivent se rencontrer dans tous les
hommes, mais qui ne suffisent pas pour
faire l'homme de bien. Peu inquiet de
donner bon exemple à son fils, de lui
inspirer de bonne heure les principes
des vertus chrétiennes, il le laissait à
sa guise ; si son enfant commettait

quelque faute, le père ne lui faisait d'autre réprimande que celle-ci :

« Si les hommes te voyaient faire cette action, que penseraient-ils de toi ? »

Le petit Frédéric s'inquiéta peu de pareilles conséquences de sa légèreté tant que l'âge ne lui permit pas d'en concevoir toute l'importance. Mais peu à peu il sentit qu'ayant besoin de sa réputation pour vivre honorablement parmi ses semblables, il devait veiller sur ses œuvres lorsqu'elles étaient ex-posées à leurs regards.

Ce fut là toute son étude : il ne s'at
tacha à rien autre chose qu'à sauver les
apparences, et se soucia peu d'acquérir
les vertus qui règlent les mouvements
du cœur, et procurent la paix de la
conscience et celle de la famille. Ainsi
le respect humain fut le vice dominant
de son âme, et toutes ses actions por-
tèrent l'empreinte de cette prudence
humaine qui calcule avant d'agir, et
prend toutes les précautions possibles
pour ne pas se montrer coupable aux
yeux des hommes.

Le respect humain entraîne dans la
duplicité et l'hypocrysie ; et ces deus
défauts ne sauraient rester longtempx

inaperçus : tôt ou tard ils se trahissent par quelque endroit. C'est ce qui arriva à Frédéric. Il avait des amis ; mais, par ses médisances secrètes, par ses calomnies, il les éloigna insensiblement de lui. Plusieurs d'entre eux même avaient eu occasion de soupçonner sa probité ; mais , craignant de juger témérairement un ami, ils avaient éloigné de leur esprit des pensées peu dignes de cœurs généreux.

Cependant il se trouva des circonstances où il leur fut impossible de mettre en doute l'indélicatesse et même la rapacité de celui qu'ils croyaient leur ami. Sa réputation souffrit de ses premiers écarts ; et chaque enfant, en rapportant à ses parents ce qu'il avait appris ou vu de Frédéric, en recevait ces sages conseils :

« Mon fils, fuis la compagnie de Frédéric ; elle ne saurait que t'être funeste. En le fréquentant, tu perdrais, comme lui, ta réputation, et peut-être tu deviendrais aussi mauvais sujet qui lui. »

Quand le fils du serrurier s'aperçut du refroidissement de ses amis, il les prévint lui-même par tous les dehors du dévouement et de l'affection la plus sincère, il chercha l'occasion de leur rendre des services, et il fit même quelques sacrifices pour rentrer dans leurs bonnes grâces. Quelques-uns se laissèrent prendre aux piéges de l'hypocrite ; mais bientôt ils ne tardèrent pas à reconnaître qu'ils avaient été abusés. Dès-lors tous l'abandonnèrent et cessèrent toute espèce de relation avec lui. Quand les enfants le voyaient arriver près d'eux, ils interrompaient leurs jeux et lui cédaient la place.

Pendant que Frédéric s'attirait ainsi le mépris des compagnons de son jeune âge, Joseph était cité par tous les parents comme le modèle le plus accompli de la sagesse, de la vertu, de la docilité et de l'assiduité au travail. C'est avec une telle réputation qu'il grandit et devint jeune homme fort et robuste. Il avait appris le métier de son père, et l'avait longtemps exercé près de lui ; mais comme il est d'usage que les jeunes ouvriers fassent ce que l'on appelle vulgairement leur *tour du monde* pour se perfectionner dans leurs arts, il fut décidé qu'il suivrait l'usage établi et partirait au bout de quelques mois.

Bien différent d'un grand nomhre de jeunes gens qui attendent avec impatience le moment où ils pourront se soustraire à la vigilance paternelle,

Joseph trouvait que les jours s'écoulaient trop vite et le rapprochaient avec trop de célérité de l'heure fatale du départ : c'est qu'il aimait sincèrement les auteurs de ses jours, et que, loin de regarder leur autorité comme un joug dur et pénible, il la révérait comme celle de Dieu même, et la regardait comme l'abri et le refuge de son inexpérience et de sa faiblesse ; c'est qu'il avait un cœur sensible et reconnaissant, et, pour tout dire en un mot, un cœur chrétien.

Le jour où il devait quitter son lieu natal arriva enfin. Il s'était préparé au voyage par la confession et la communion ; il ne crut pas se séparer de ses

parents sans leur avoir demandé leu
bénédiction. Ce fut avec un véritable
bonheur qu'ils se rendirent à ses dé-
sirs ; puis son père lui dit :

» Mon fils, aie toujours dans ton
cœur la crainte de Dieu ; fuis la compa
gnie des jeunes gens corrompus ; choi-
sis bien tes amis avant de te livrer à
eux. Ne médis de personne ; rends le
bien pour le mal ; fais l'aumône autant
que tu le pourras ; et que jamais le
respect humain ne t'empèche de remplir
les devoirs religieux. »

Joseph partit et se dirigea vers l'Italie. Cependant le fils du serrurier, Fré-

déric, pour se soustraire à la mauvaise réputation qu'il s'était faite, prenait la route du sud-ouest de la France. Mais ses dispositions étaient bien différentes de celles de Joseph : au lieu que celui-ci faisait chaque jour ses prières et asssistait le dimanche à la messe, Frédéric songeait à varier ses plaisirs, et diminuait, par de folles dépenses, la petite bourse que lui avait donnée son père.

Il fut donc obligé de s'arrêter plùtôt qu'il ne se l'était promis, et de demander de l'ouvrage. Mais son goût pour les plaisirs, son hypocrisie et son égoïsme le firent bientôt détester tant de son maître que de ses compagnons, et il fut réduit à aller ailleurs chercher du travail. C'est ainsi que, par le même motif, il courut de ville en ville, d'atelier en atelier, ne pouvant se fixer à rien, et ne sachant se faire aimer de personne.

Joseph, au contraire, s'était fixé successivement pour quelques mois dans plusieurs villes ; mais, chaque fois qu'il quittait un atelier, il emportait les regrets de tout le monde, et son maître voyait avec peine s'éloigner avec peine un jeune homme qui était parmi ses ouvriers un modèle de vertu, de sagesse et d'assiduité au travail.

C'est ainsi qu'après avoir parcouru tout le nord de l'Italie et le midi de l'Allemagne, il se trouva sur les terres de Prusse. Un jour qu'il traversait une forêt de Brandebourg portant son havre-sac sur ses épaules, et suivi de son chien, il se sentit fatigué (car il avait marché une grande partie du jour), et s'assit au pied d'un chêne touffu dont les rameaux s'étendaient au loin. Cependant son chien rôdait çà et là, et lui il élevait son cœur vers le ciel, le priant de protéger les auteurs de ses jours, dont il était séparé par une si vaste étendue de pays. C'est au milieu de cette pieuse extase que tout-à- coup il entendit les jappements réitérés du chien. Il se lève, regarde son fidèle compagnon de route, et aperçoit derrière un buisson un homme baigné dans son sang et repirant à peine.

Sa première pensée est d'aller au secours de l'infortuné.

« Cependant, se dit-il, ne vais-je pas m'exposer à être pris pour l'assassin, et n'aurais-je pas à subir la peine des scélérats ?... Sans doute ! mais si je l'abandonne, il va mourir ! et peut-être son âme n'est pas préparée pour l'éternité !.. N'aurai-je pas à me reprocher toute ma vie d'avoir laissé périr un de mes frères, lorsque je pouvais lui sauver la la vie ?

A ces mots, il se précipite vers l'endroit où gît le malheureux, et se met à examiner la blessure qu'il avait reçue à la gorge, pour en connaître la gravité. C'était un coup de poignard qui l'avait faite, et le sang en jaillissait en abondance.

Joseph soulève doucement le blessé, le porte près d'un arbre, et appuie sa tête sur son havresac; puis il court à un ruisseau voisin, et apporte de l'eau dans sa tasse de voyage pour laver la plaie. Cependant le blessé ouvre les yeux, et sourit à son bienfaiteur, pour lui témoigner sa reconnaissance ; mais ses paupières se referment soudain, et

de plusieurs jours il ne les rouvrit
plus.

Joseph prend une cravate dans sa
valise et bande la blessure. Déjà il avait
mis de l'ordre dans l'habillement de
l'infortuné, et se disposait à aller chercher dans le hameau le plus voisin
quelques personnes avec un brancard
pour l'emporter, lorsque deux villa-
geois, passant par là, l'aperçurent près
du corps ensanglanté, et se jetèrent sur
lui en disant :

— Coquin, tu ne nous échapperas
pas; tu subiras la peine due à ton
crime.

— Vous vous trompez, mes amis, répartit Joseph ; ce n'est pas moi qui ai traité ainsi ce malheureux. Je passais comme vous, je l'ai vu, je suis venu à son secours.

— Tout autre méchant comme toi parlerait ainsi en pareille circonstance. Tu vas nous suivre.

Et les deux hommes aux bras nerveux et robustes, saisirent Joseph par le collet et l'emmenèrent avec eux pour le livrer aux mains de la justice.

Cependant le blessé fut emporté sur un brancard dans un hameau voisin, d'où il fut ensuite transporté chez ses parents, qui habitaient la ville voisine.

Voici donc le pieux et vertueux Joseph écroué dans une étroite prison, regardé comme un voleur et un assassin, maudit par tout le monde. Il avait là un motif, juste en apparence, de se désoler, de s'alarmer sur son avenir ; mais, comme sa conscience ne lui reprochait rien, il dissipa la première frayeur qui avait surpris son âme, et rentra dans son calme ordinaire.

« C'est par la volonté de Dieu, se dit-il, que j'ai été jeté derrière ces verrous ;

lorsqu'il le voudra, il saura bien m'en retirer et découvrir mon innocence.

Quand on apprit dans la ville où il était en prison qu'un Français avait été arrêté pour cause d'assassinat, tous les étrangers de cette nation voulurent le voir ; et, par un singulier hasard, Frédéric se trouva du nombre des visiteurs. Joseph fut rempli de joie en voyant son compatriote, l'un des amis de son enfance, et lui dit :

— J'espère que tu me serviras dans la circonstance pénible où je me trouve, et que tu me rendras témoignage de la bonne conduite de ma jeunesse.

— Moi, je ne vous connais pas, répondit Frédéric avec un air de dédain ; vous avez tort de vouloir exciter une compassion dont vous êtes indigne.

— Que Dieu te pardonne ton procédé, Frédéric, reprit Joseph.

— Voilà où conduit l'hypocrisie, dit l'autre en s'éloignant, dans la crainte d'être appelé commn témoin dans cette affaire.

Cependant on était généralement étonné de l'air serein que conservait le prisonnier au milieu des interrogatoires qu'on lui avait fait subir, et quelques personnes commençaient à douter de sa culpabilité, lorsque, le malade allant un peu mieux, on voulut le confronter avec lui.

Dès que celui-ci aperçut Joseph, il s'écria d'un air où se peignait la reconnaissance et le bonheur :

« Voici mon sauveur, voici l'homme généreux qui a pris soin de moi après mon malheur !... Quoi ! c'est lui qu'on a chargé de chaînes ! c'est lui qu'on veut condamner à mort comme un vil assassin !...

Il n'en fallait pas davantage pour

prouver évidemment l'innocence de Joseph ; il fut à l'instant mis en liberté, et la reconnaissance et l'admiration prirent la place du sentiment d'horreur que sa présence ou son souvenir faisait naître dans tous les cœurs.

Quelques jours après le véritable auteur de l'attentat fut découvert, et la réputation de Joseph se trouva purifiée des taches les plus noires.

Après cette épreuve, où sa vertu avait triomphé, il ne lui fut pas difficile de se procurer de l'ouvrage ; et là, comme ailleurs, il se fit remarquer par sa bonne conduite et par l'excellence de son caractère.

Frédéric, de son côté, avait su, par toutes les apparences du dévouement, gagner la confiance de son patron : en sorte que, malgré certains vices, communs dans la classe ouvrière, il en était estimé comme un homme plein de délicatesse et de zèle pour ses intérêts.

Il était pourtant un défaut que son maître voyait avec peine prendre racine dans son âme : c'était l'amour du jeu. Plus d'une fois il lui donna à ce sujet des conseils pleins d'amitié : l'hypocrite Frédéric les reçut avec un extérieur respectueux et reconnaissant; mais il ne fit aucun effort pour se corriger, et, lorsque son maître fut parti , il se dit à lui-même :

« Que me veut ce vieux radoteur ? Qu'ai-je besoin de ses ennuyeux sermons ? Puisqu'il semble éprouver tant de peine de me voir jouer, je ferai en sorte qu'il ignore où je passe mes soireés du Dimanche, et j'irai, loin de lui, au tripot qui est à l'extrémité de la ville. »

Dès le lendemain, entraîné par sa passion, il se rendit à la taverne, et, par malheur, il gagna cinquaute francs.

Encouragé par ce succès, il attendit avec impatience le retour du dimanche suivant ; mais, ce jour-là, il ne fut pas aussi heureux. Après avoir perdu les cinquante francs gagnés huit jours auparavant, il alla emprunter à un de ses amis une pareille somme, qu'il perdit encore.

Comme il devait rembourser cette somme au bout de trois jours, il se trouva fort embarrassé. Alors une pensée criminelle entra dans son âme.

Près de l'atelier de son maître était situé uu vaste jardin qu'un riche propriétaire avait confié à la garde d'un pauvre homme, mais honnête, dont il connaissait la fidélité. La maison de celui-ci était adossée à celle qu'habitait Frédéric. Le pauvre homme avait reçu depuis la veille, pour prix de ses gages de six mois, une somme de cinquante francs, qui devait être la meilleure partie de ses ressources durant le semestre suivant.

Trop confiant en Frédéric, il lui faisait part de toutes ses petites affaires, et le jeune serrurier, qui allait de temps en temps se promener dans le jardin, n'ignorait pas l'arrivée de la petite somme.

Dans la circonstance critique où il se trouvait, le malheureux conçut le projet de la dérober ; et comme le jardinier et son épouse étaient sortis, Frédéric qui, sans qu'ils s'en fussent aperçus, avait épié leurs démarches au moment où ils étaient partis, et les avait vus déposer la clef de leur maison dans un trou de la muraille, pénétra dans le jardin, et de là, sans éprouver aucune difficulté, dans les appartements. Il fuyait déjà, emportant les cinquante francs, et monté sur le mur qui séparait le jardin, arriva plus tôt qu'il ne croyait, et, apercevant le voleur, courut à lui, le saisit par une jambe et le fit retomber dans la cour, puis il se mit à crier, appelant au secours, car il redoutait la colère de Frédéric, que cette surprise avait rendu furieux. Ces cris furent entendus dans l'atelier du maître serrurier, et celui-ci se hâta de venir au secours de son voisin.

Quelle fut sa surprise en voyant l'homme en qui il avait mis sa confiance, coupable d'un crime dont il ne l'aurait jamais soupçonné si ses yeux ne l'eussent vu serrant encore dans ses mains la bourse dérobée! Il lui fit des reproches amers auxquels Frédéric ne répondit rien.

En présence de son patron, le jeune

homme perdit de son audace, et il commençait déjà à redouter les suites de sa faute, lorsque la police, avertie par la femme du jardinier, l'en voya saisir et emmener en prison.

Dès que Joseph apprit l'arrestation de son compatriote, il se rendit près de lui pour le consoler.

— Qui es-tu venu voir, mon ami ? lui dit Frédéric dès qu'il l'aperçut. Tu penserais encore à celui qui t'accueillit si mal dans le malheur, qui te faisait, à toi, si vertueux, les reproches qu'il méritait lui-même?

— Ne pense plus à cela, répondit Joseph.

— N'y plus penser !... cela n'est pas possible. La position fâcheuse où tu te trouvais et mon indifférence s'offrent à ma mémoire avec une image trop vive pour que je les oublie ! Cependant toi, au milieu de l'infortune, tu étais calme et tranquille ; parce que ta conscience ne te reprochait rien ; moi, au contraire, je me maudis, parce que je suis coupable. Maudit soit le jour où je suis né, puisque je ne devais pas passer ma vie dans la pratique de la vertu ! J'ai ouï dire plus d'une fois que ton père t'avait donné pour maxime ces belles paroles: *La crainte du Seigneur est le commencement de la sagesse.* Jusqu'à ce jour je m'étais moqué de cela comme d'une simplicité indigne d'un homme ; aujourd'hui je reconnais qu'il vaut mieux craindre Dieu que les hommes. Le respect humain peut bien détourner de quelques fautes ; mais il finit par corrompre le cœur. On espère éviter le regard des hommes, on fait un pas dans le crime, et l'on tombe dans l'abîme que la passion dérobe aux regards. Celui, au contraire, qui craint Dieu, marche toujours en sa présence, et ne songe pas à se dérober à sa vue, puisqu'elle embrasse tout l'univers.

Joseph, en entendant ces paroles, ne put s'empêcher de verser des larmes, et son âme pieuse s'épancha avec tendresse dans celle de l'infortuné prisonnier. Pour le consoler, il lui fit entendre la voix de la religion ; et Frédéric, touché de la charité de l'ami de son enfance, lui dit :

« Je le vois bien à présent, heureux est celui qui aime Dieu et pratique la vertu ! « Combien la société serait tranquille si tous les hommes s'aimaient les uns les autres comme tu m'aimes, moi qui t'ai dédaigné, rebuté, méprisé ! »

Et les deux jeunes gens s'enlacèrent

dans les bras de l'un de l'autre en se baignant de leurs larmes.

Enfin il fallut se séparer. Joseph embrassa de nouveau le prisonnier qu'il allait quitter pour ne plus le revoir peut-être ; car il retournait dans son pays. Puis, ayant mis dans sa main une somme de cinquante francs, il lui dit adieu.

« Adieu, répondit-il en poussant un profond soupir. Va auprès de ton père et da ta mère ; tu mérites ce bonheur, et ils sont eux-mêmes dignes de posséder un si bon fils. Pour moi, je sais quel sort m'est réservé !... Ah ! cher ami, ne parle pas à mes parents de ma position ; ils en mourraient de douleur. »

Quelques jours après, Joseph rentrait sur le sol de France. Il revit le lieu de sa naissance, il revit les auteurs de ses jours ; et sa vertu, à laquelle de longs voyages n'avaient porté aucune atteinte, consola leur vieillesse.

Plusieurs années s'écoulèrent encore depuis son retour jusqu'à leur mort. Il leur rendit avec piété les derniers devoirs, et trouva dès ici-bas la récompense de ses bonnes qualités dans la tendre affection d'une épouse, dans le respect et l'amour constant de deux jolis enfants qui firent eux-mêmes à leur tour le bonheur de sa vie. Il leur répétait souvent cette maxime qui l'avait préservé des séductions du monde :

« La crainte du Seigneur est le commencement de la sagesse. »

CHUTE GLORIEUSEMENT RÉPARÉE

La persécution de Sapor, roi de Perse, fit plusieurs martyrs parmi les chrétiens. Un d'entre eux nommé Ustazade, eut le malheur de succomber à la violence des tourments, et de renoncer à

la foi : il avait été gouverneur du roi,
et il était alors grand maître de sa
maison. Sur ces entrefaites, saint Siméon, archevêque de Séleucie, fut saisi,
déféré au tyran, et, en qualité de chrétien, condamné à mort. Comme on le
conduisait en prison, Ustazade se trouva
sur son passage, et salua, par respect,
le saint évêque ; mais Siméon lui fit de
sanglants reproches, et, animé d'un
saint zèle, il jeta sur lui un coup d'œil
foudroyant, qui marquait toute son
indignation. Ustazade sentit vivement
tout ce que ce procédé du saint martyr
avait d'affligeant pour lui, il en fut si
touché que, se dépouillant sur l'heure
d'une robe blanche qu'il portait, il se

revêtit d'une noire en signe de deuil, et, jetant des cris horribles, entrecoupés de sanglots et mêlés de pleurs, il se roulait par terre, accablé de douleur.

« Ah ! malheur à moi ! s'écriait-il. Quelle espérance puis-je avoir de trouver grâce auprès de Dieu, que j'ai abandonné , lorsque l'un de mes meilleurs amis, Siméon, le saint homme Siméon ne daigne pas seulement me regarder, ou ne me regarde qu'avec horreur ? » Le roi, ayant été bientôt informé de ce qui se passait, se fit amener Ustazade, et lui demanda le sujet de l'extrême affliction où il le voyait, et s'il lui était arrivé quelque disgrâce,

« Non, prince, répondit il, aucune disgrâce domestique ne cause mes regrets. Ah ! plût à Dieu que je n'eusse à me plaindre que de la fortune ! plût à Dieu que tous les autres malheurs fussent tombés sur moi, mes larmes cesseraient encore de couler ! Je pleure, non une vie malheureuse, mais une vie criminelle ; je pleure parce que je vis encore, et que je devrais être mort de honte et de regrets. Je vois encore le soleil, après que j'ai eu la lâcheté de l'adorer ; mais enfin je déteste mon crime, et je proteste hautement, à la face du ciel et de la terre, que rien au monde ne sera capable à l'avenir de m'arracher les sentiments de ma foi. »

Ce changement si prompt et si peu attendu anima encore davantage la fureur du roi contre les chrétiens ; il ne douta pas qu'ils ne l'eussent causé par des enchantements. Cependant, par un reste d'affection qu'il conservait pour un homme qui avait élevé son enfance, il penchait tantôt vers la douceur, tantôt vers l'extrême rigueur, et, suivant les mouvements de l'un et de l'autre, il employait tour à tour les promesses et les menaces. Mais, Ustazade persistant toujours, et assurant qu'il n'adorerait jamais la créature au préjudice du Créateur, le tyran le condamna à avoir la tête tranchée. Comme on le traînait au supplice, il pria ceux qui le conduisaient de s'arrêter un moment, ayant disait-il, quelque chose d'important à communiquer au roi, à qui il fit porter ces paroles par un de ses eunuques, qui lui avait toujours été très-fidèle :

« Prince, je ne crois pas qu'il soit nécessaire de chercher d'autre témoin que vous-même de la fidélité et du zèle avec lesquels je me suis dévoué, dès mes premières années, au service de Votre Majesté et du feu roi votre père. Si mes soins, si mon attachement inviolable pour vos personnes royales vous ont été agréables, je demande pour toute récompense la grâce de faire connaître publiquement mon innocence sur ce point, de peur que ceux qui me verront conduire au supplice ne croient que vous m'y condamnez pour avoir manqué de fidélité envers mon roi. Daignez donc ordonner qu'un crieur public me pré-cède, et apprenne à tous ceux qui assisteront à ma mort qu'Ustazade, toujours fidèle à son maître et à sa patrie, meurt parce qu'il est chrétien. « Le roi ne pouvait pas refuser une demande s juste ; il pouvait même entrer en cela de la politique ; il se persuada que tout ce qu'il y avait de chrétiens dans la Perse abandonneraient leur religion, en voyant que le roi n'avait pas même épargnée son propre gouverneur. Mai

le saint martyr avait bien une autre vue
lorsqu'il avait demandé qu'un crieur
public annonçât hautement la cause de
sa mort; il jugeait avec raison que
plusieurs fidèles avaient pu être scan-
dalisés et ébranlés en le voyant adorer
le soleil, mais que, lorsqu'ils viendraient à savoir que, reprenant des sentiments plus généreux et plus dignes
de Dieu, il allait perdre la vie pour la
religion de Jésus-Christ, ils repren-
draient une nouvelle générosité, et de-
viendraient les imitateurs de la sienne.
Ce fut dans ces sentiments qu'il reçut la
mort, et qu'il répara heureusement le
scandale qu'il avait causé. La nouvelle
en fut portée au saint archevêque Si-

méon, qui en fut consolé, et qui, bien tôt après, reçut lui-même la couronne du martyre.

SAINT JEAN L'ÉVANGÉLISTE.

Saint Jean l'Evangéliste, né à Bethsaïde en Galilée, était fils de Zébédée et de Salomé, et frère cadet de saint Jaques le Majeur. Leur emploi était de gagner leur vie à la pêche. Jean n'avait que 25 à 26 ans lorsqu'il fut appelé à l'apostolat par le Sauveur, qui eut toujours pour lui une tendresse particulière ; il se désigne lui même ordinairement sous le nom du *Disciple que Jésus aimait.* Il était vierge, et c'est pour cette raison, dit saint Jérôme, qu'il fut le bien-aimé du Sauveur ; qu'à la Cène il reposa sur son sein, et que Jésus-Christ sur la croix le traita comme un autre lui-même. Le Sauveur lui donna des marques singulières de son amour, en le rendant témoin de la plupart de ses miracles, et surtout de sa gloire au moment de la transfiguration. Ce disciple fut le seul qui l'acompagna jusqu'à la croix, où Jésus-Christ lui laissa, en mourant, le soin de la sainte Vierge. Après la résurrection du Sauveur, Jean le reconnut le premier, et fut un de ceux qui mangèrent avec lui. Il assista au concile de Jérusalem, où il parut comme une des colonnes de l'Eglise, selon le témoignage de saint Paul. Ce saint apôtre alla prêcher l'Evangile dans l'Asie, et pénétra jusque chez les Parthes, auxquels il écrivit sa première *Epître*, qui portait autrefois ce titre. Il fit sa résidence ordinaire à Ephèse, fonda et gouverna plusieurs églises. Dans la persécution de Domitien, vers l'an 95, il fut mené à Rome, et fut plongé dans l'huile bouillante sans en recevoir aucune incommodité. Il en sortit plus vigoureux, et fut relégué dans la petite île de **Pathmos**, où il écrivit son *Apocalypse* : livre mystérieux, et qui, sous diverses figures, annonce la destinée de l'Eglise chrétiennes (*voyez* ALCAÇAR) ; l'obscurité qui enveloppe plusieurs de ses passages, n'empêche pas qu'on n'y découvre la lumière et l'onction de l'esprit de Dieu. « Ceux qui ont le goût de la » piété, dit Bossuet, trouvent un at- » trait particulier dans cette admirable » révélation de saint Jean. Malgré les

» profondeurs de ce divin livre, on res-
» sent en le lisant une impression si
» douce, et tout ensemble si magnifi-
» que de l'esprit de Dieu, il y paraît
» des idées si hautes du mystère de
» Jésus-Christ, une si vive reconnais-
» sance du peuple qu'il a racheté par
» son sang, de si nobles images de ses
» victoires et de son règne, avec des
» chants si merveilleux pour en célé·
» brer les grandeurs, qu'il y a de quoi
» ravir le ciel et la terre. Toutes les
» beautés de l'Ecriture sont ramassées
» dans ce livre; tout ce qu'il y a de
» plus touchant, de plus vif, de plus
» majestueux dans la loi et dans les
» prophètes, y reçoit un nouvel éclat,
» etc. » Les sectaires de tous les siècles
ont fait sur ce livre divin des commen-
taires fanatiques, parmi lesquels on
distingue ceux de Jurieu, de Newton,

et *Les sept Anges de l'Eglise*, attribué à un moine convulsionnaire, Paris 1783, 2 vol. in 12. Nerva, successeur de Domitien, ayant rappelé tous les exilés, Jean revint à Ephèse. Ce fut dans cette ville qu'il composa son *Evangile*, à la sollicitation des évêques d'Asie, pour réfuter les erreurs de Cérinthe et d'Ebion, qui soutenaient que Jésus-Christ n'était qu'un homme. Nous avons encore de lui trois *Epîtres*, qui sont au nombre des livres canoniques : la première, citée autrefois sous le nom des Pathes ; la deuxième, adressée à Fleste et la troisième à Caïus. Jean vécut jusqu'à une extrême vieillesse ; et ne pouvant plus faire de longs discours, il ne disait aux fidèles que ces paroles : *Mes petits enfants, aimez-vous les uns les autres.* Ses disciples ennuyés d'entendre toujours la même chose, lui en parlèrent ; et il leur répondit : *C'est le précepte du Seigneur, et si on le garde, il suffit pour être sauvé.* Enfin ce saint apôtre mourut à Ephèse, d'une mort paisible, sous le règne de Trajan, la 100e année de J.-C., âgé d'environ 94 ans. On le surnomme *le Théologien*, à cause de la sublimité de ses connaissances et de ses révélations, et surtout du commencement de son Evangile ; car les autres évangélistes ont rapporté les actions de la vie mortelle de Jésus-Christ ; mais saint Jean s'élève comme un aigle au-dessus des nues, et va découvrir, jusque dans le sein du Père, le Verbe de Dieu égal au Père.

LIMOGES. — IMPRIMERIE DE BARBOU FRÈRES.